지혜로운 까마귀

乌鸦喝水

Wūyā hē shuǐ

일러두기 ♡

☆ 내가 알고 있는 이야기를 중국어로 읽어보자!!

재미있는 세계 명작 이야기를 예쁜 그림,
쉬운 표현으로 읽다 보면 중국어 실력도 쑥쑥
늘어날 거에요.
배운 내용은 다양한 문제로 풀어보기도 하고
친구들과 함께 간단한 역할극을 하며 동화 속
주인공이 되어 읽어보아요.

☆ DVD로 보는 이야기책!!

내가 보고 싶은 자막
을 선택해서 볼 수
있어요.
다양한 선택으로 내
수준에 딱 맞는 내용
으로 골라 보세요.

| 중국어 · 병음보기 | 병음 보기 | 중국어 보기 |

주인공소개 ☆

까마귀

목이 말라 물을 마시기 위해
기발한 생각을 해낸다.

3

一只乌鸦口渴了，到处找水喝。

Yì zhī wūyā kǒukě le, dàochù zhǎo shuǐ hē.

乌鸦 wūyā 까마귀
口渴 kǒukě 목마르다
到处 dàochù 곳곳
找 zhǎo 찾다
喝 hē 미시디

乌鸦找了很久，才发现一个水瓶。

Wūyā zhǎole hěn jiǔ, cái fāxiàn yí ge shuǐpíng.

水瓶 shuǐpíng 물병

它就高兴地飞了过去，稳稳地停在水瓶的旁边，
Tā jiù gāoxìng de fēile guòqù, wěnwěn de tíng zài shuǐpíng de pángbiān,

准备痛快地喝水。
zhǔnbèi tòngkuài de hē shuǐ.

稳稳地 wěnwěn de 안전하게
停 tíng 멈추다
准备 zhǔnbèi 준비하다
痛快地 tòngkuài de 마음껏

可是，它伸着脖子往瓶里看¹，
Kěshì,　　tā shēnzhe　bózi wǎng píng li kàn,

只见瓶里虽然有水，但是太少了，而且离瓶口太远²，
zhǐ jiàn píng li　suīrán yǒu shuǐ,　dànshì tài shǎo le,　　érqiě　lí píngkǒu tài yuǎn,

伸 shēn 내밀다
脖子 bózi 목
离 lí ～까지
瓶口 píngkǒu 병 입구

1 往～看 wǎng~kàn ～을 향해 보다
2 虽然～但是～ suīrán~dànshì~ 비록 ～이지만

8

瓶口又小，瓶颈³又长，乌鸦喝不着⁴水。

pínɡkǒu yòu xiǎo,　píngjǐng yòu chánɡ,　wūyā　hēbuzháo　shuǐ.

3 又～又 yòu~yòu~ ～하기도 하고 ～하기도 하다
4 ～不着 ~buzháo ～하지 못하다

瓶颈 píngjǐng 병목

它努力把脖子再伸长一点，
Tā nǔlì bǎ bózi zài shēncháng yì diǎn,

还是够不到。
háishi gòubudào.

怎么办呢？
Zěnme bàn ne?

努力 nǔlì 열심히 하다
够不到 gòubudào 닿지 못하다

11

乌鸦停下来想:'怎样才能喝到水呢?

Wūyā tíng xiàlái xiǎng: 'Zěnyàng cái néng hēdào shuǐ ne?

必须琢磨出个办法来。'

Bìxū zuómochū ge bànfǎ lái.'

琢磨 zuómo 깊이 생각하다

乌鸦看见地上有许多小石头，它想出办法来了，

Wūyā kànjiàn dì shàng yǒu xǔduō xiǎo shítou, tā xiǎngchū bànfǎ lái le,

许多 xǔduō 많은
石头 shítou 돌

14

就用嘴把小石头衔起来，一个一个丢到水瓶里。
jiù yòng zuǐ bǎ xiǎo shítou xián qǐlái, yí ge yí ge dīudào shuǐpíng li.

嘴 zuǐ 입
衔 xián 입에 물다
丢 dīu 던지다

石头落到瓶底，越来越[5]多，
Shítou luòdào píng dǐ, yuè lái yuè duō,

终于瓶子的水渐渐升高了，乌鸦很容易就喝到水了。
zhōngyú píngzi de shuǐ jiànjiàn shēnggāo le, wūyā hěn róngyì jiù hēdào shuǐ le.

落 luò 떨어지다
底 dǐ 바닥
渐渐 jiànjiàn 점점
升高 shēnggāo 위로 오르다

5 越来越~ yuè lái yuè~ 더욱 더~

단어 쏙쏙

乌鸦	wūyā	까마귀
到处	dàochù	곳곳
水瓶	shuǐpíng	물병
脖子	bózi	목
瓶口	píngkǒu	병 입구
瓶颈	píngjǐng	병목
石头	shítou	돌
嘴	zuǐ	입
底	dǐ	바닥

找	zhǎo	찾다
喝	hē	마시다
停	tíng	멈추다
准备	zhǔnbèi	준비하다
伸	shēn	내밀다
够不到	gòubudào	닿지 못하다
琢磨	zuómo	깊이 생각하다
衔	xián	입에 물다
丢	diū	던지다
落	luò	떨어지다
升高	shēnggāo	위로 오르다

口渴	kǒukě	목마르다
稳稳地	wěnwěn de	안전하게
痛快地	tòngkuài de	마음껏
离	lí	~까지
努力	nǔlì	열심히 하다
许多	xǔduō	많은
渐渐	jiànjiàn	점점

표현 쏙쏙

· 往~看	wǎng~kàn	~을 향해 보다
· 虽然~但是~	suīrán~dànshì~	비록 ~이지마
· 又~又	yòu~yòu~	~하기도 하고 ~하기도 하다
· ~不着	~buzháo	~하지 못하다
· 越来越~	yuè lái yuè~	더욱 더~

풀어 보아요

1 병음을 읽고 알맞은 그림과 한자를 연결하세요.

| ① xián | ② shítou | ③ wūyā | ④ shuǐpíng |

石头　　　　　衔　　　　　乌鸦　　　　　水瓶

2 사다리를 타서 나오는 문장의 뜻을 골라 쓰세요.

보기

ⓐ 까마귀는 좋은 생각이 떠올랐죠.
ⓑ 어떻게 해야 물을 마실 수 있을까?
ⓒ 까마귀는 쉽게 물을 마실 수 있었답니다.

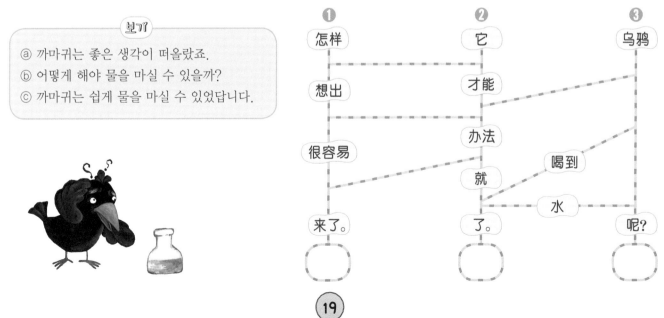

잘 듣고 빈칸에 들어갈 글자의 기호를 써 넣은 다음, 큰 소리로 읽어보세요.

보기   ⓐ起来   ⓑ找   ⓒ喝到   ⓓ不着   ⓔ下来

❶ 까마귀는 오랜 시간을 찾아 헤매다 겨우 물병을 발견했어요.

乌鸦（　）了很久，才发现一个水瓶。

Wūyā zhǎole hěn jiǔ, cái fāxiàn xiàn yí ge shuǐpíng.

❷ 병 입구는 좁고 병목은 길어서 까마귀는 물을 마시지 못했어요.

瓶口又小，瓶颈又长，乌鸦喝（　）水。

Píngkǒu yòu xiǎo, píngjǐng yòu cháng, wūyā hēbuzháo shuǐ.

❸ 까마귀는 멈추고 생각했어요. '어떻게 해야 물을 마실 수 있을까?'

乌鸦停（　）想：'怎样才能喝到水呢？'

Wūyā tíng xiàlái xiǎng: 'Zěnyàng cái néng hēdào shuǐ ne?'

❹ 까마귀는 부리로 돌멩이를 물어서 하나씩 물병 속으로 던졌어요.

乌鸦就用嘴把小石头衔（　），一个一个丢到水瓶里。

Wūyā jiù yòng zuǐ bǎ xiǎo shítou xián qǐlái, yí ge yí ge dīudào shuǐpíng li.

❺ 마침내 물병 안의 물이 조금씩 올라갔고, 까마귀는 쉽게 물을 마실 수 있었답니다.

终于瓶子的水渐渐升高了，乌鸦很容易就（　）水了。

Zhōngyú píngzi de shuǐ jiànjiàn shēnggāo le, wūyā hěn róngyì jiù hēdào shuǐ le.

이야기를 읽고 다음 질문에 알맞은 답을 고르세요.

1 乌鸦为什么找水? 까마귀는 왜 물을 찾았나요?
Wūyā wèishénme zhǎo shuǐ?

❶ 肚子饿。
Dùzi è.

❷ 口渴。
Kǒukě.

❸ 累了。
Lèi le.

2 乌鸦为什么喝不到水? 까마귀는 왜 물을 못 마셨나요?
Wūyā wèishénme hēbudào shuǐ?

❶ 水太少了。
Shuǐ tài shǎo le.

❷ 水坏了。
Shuǐ huài le.

❸ 水太多了。
Shuǐ tài duō le.

3 乌鸦找到的是什么? 까마귀가 찾은 것은 무엇인가요?
Wūyā zhǎodào de shì shénme?

❶ 可乐
kělè

❷ 水果
shuǐguǒ

❸ 石头
shítou

4 水瓶的瓶口是什么样子? 병 입구는 어떻게 생겼나요?
Shuǐpíng de píngkǒu shì shénme yàngzi?

❶ 太大。
Tài dà.

❷ 太小。
Tài xiǎo.

❸ 没有瓶口。
Méi yǒu píngkǒu.

5 乌鸦终于喝到水了吗? 마침내 까마귀는 물을 마셨나요?
Wūyā zhōngyú hēdào shuǐ le ma?

❶ 喝到。
Hēdào.

❷ 没喝到。
Méi hēdào.

❸ 一口也没喝到。
Yì kǒu yě méi hēdào.

그림 보고 말해요

그림을 보고 상황에 맞는 표현을 연결해 보세요.

① 乌鸦伸着脖子往瓶里看。
Wūyā shēnzhe bózi wǎng píng li kàn.

② 乌鸦就用嘴把小石头衔起来,
Wūyā jiù yòng zuǐ bǎ xiǎo shítou xián qǐlái,

一个一个丢到水瓶里。
yí ge yí ge dīudào shuǐpíng le.

③ 乌鸦口渴了,到处找水喝。
Wūyā kǒukě le, dàochù zhǎo shuǐ hē.

어린이 친구들!!

여러분 알았죠? 조그만 까마귀도 좋은 생각을 해 낼 수 있어요.
우리 어린이 친구들도 까마귀처럼 문제가 생기면 조급해 하지 말고 좋은 생각을 내봐요.

你们看! 一只小小的乌鸦, 也能会想出好办法。
Nǐmen kàn! Yì zhī xiǎoxiǎo de wūyā, yě néng huì xiǎngchū hǎo bànfǎ.

我们小朋友也要跟乌鸦一样, 有了问题时, 不要着急, 想出好办法来。
Wǒmen xiǎo péngyou yě yào gēn wūyā yíyàng, yǒule wèntí shí, bú yào zháojí, xiǎngchū hǎo bànfǎ lái.

앞에서 읽은 이야기의 순서에 맞게 번호를 써 보세요.

它努力把脖子再伸长一点，还是够不到。

Tā nǔlì bǎ bózi zài shēncháng yì diǎn, háishi gòubudào.

石头落到瓶底，越来越多，

Shítou luòdào píng dǐ, yuè lái yuè duō,

终于瓶子的水渐渐升高了。

zhōngyú píngzi de shuǐ jiànjiàn shēnggāo le.

乌鸦找了很久，才发现一个水瓶。

Wūyā zhǎole hěn jiǔ, cái fāxiàn yí ge shuǐpíng.

乌鸦就用嘴把小石头衔起来，

Wūyā jiù yòng zuǐ bǎ xiǎo shítou xián qǐlái,

一个一个丢到水瓶里。

yí ge yí ge dīudào shuǐpíng li.

瓶口又小，瓶颈又长，乌鸦喝不着水。

Píngkǒu yòu xiǎo, píngjǐng yòu cháng, wūyā hēbuzháo shuǐ.

왼쪽과 오른쪽 그림을 보고 어디가 다른지 찾아보세요. (총 5개)

24

미니연극

상황1

등장인물 나레이션 / 어린이

상황설명 어린이가 물을 찾아 헤매이는 장면

나레이션	一个小朋友口渴了，到处找水喝。 Yí gè xiǎo péngyou kǒukě le, dàochù zhǎo shuǐ hē. 목이 마른 어린이가 물을 찾아 다녔어요. 找了很久，才发现一个水瓶。 Zhǎole hěn jiǔ, cái fāxiàn yí ge shuǐpíng. 오랜 시간을 찾아 헤매다 겨우 물병을 발견했어요.
어린이	(두리번 거리다 물병을 발견하고 기뻐한다) "哇！这里有水瓶！" "Wā! Zhèli yǒu shuǐpíng!" "와! 여기에 물병이 있다!"
나레이션	可是，瓶里虽然有水，但是太少了，而且离瓶口太远，小朋友喝不着水。 Kěshì, píng li suīrán yǒu shuǐ, dànshì tài shǎo le, érqiě lí píngkǒu tài yuǎn, xiǎo péngyou hēbuzháo shuǐ. 그런데 물이 있기는 했지만 너무 적고, 병 입구까지 닿지 않아서, 어린이는 물을 마시지 못했어요.
어린이	"瓶里的水太少了，我怎么喝呢？" "Píng li de shuǐ tài shǎo le, wǒ zěnme hē ne?" "물병에 물이 너무 적잖아. 어떻게 마시지?"
나레이션	小朋友开始着急地哭起来了。 Xiǎo péngyou kāishǐ zháojí de kū qǐlái le. 어린이는 조급해져서 울기 시작했습니다.

나레이션	这次是一只乌鸦口渴了，到处找水喝。 乌鸦找了很久，才发现一个水瓶。 Zhè cì shì yì zhī wūyā kǒukě le, dàochù zhǎo shuǐ hē. Wūyā zhǎole hěn jiǔ, cái fāxiàn yí ge shuǐpíng. 이번에는 목이 마른 까마귀가 물을 찾아 다녔어요. 오랜 시간을 찾아 헤매다 겨우 물병을 발견했어요.
까마귀	(두리번 거리다 물병을 발견하고 기뻐한다) "哇! 这里有水瓶!" "Wā! Zhèli yǒu shuǐpíng!" "와! 여기에 물병이 있다!"
나레이션	可是，瓶里虽然有水，但是太少了，而且离瓶口太远，乌鸦喝不着水。 Kěshì, píng li suīrán yǒu shuǐ, dànshì tài shǎo le, érqiě lí píngkǒu tài yuǎn, wūyā hēbuzháo shuǐ. 그런데 물이 있기는 했지만 너무 적고, 병 입구까지 닿지 않아서, 까마귀는 물을 마시지 못했어요.
까마귀	"怎样才能喝到水呢? 必须琢磨出个办法来。" "Zěnyàng cái néng hēdào shuǐ ne? Bìxū zhómochū gè bànfǎ lái." "어떻게 해야 물을 마실 수 있을까? 반드시 좋은 방법을 생각해 내야 해."
나레이션	这时，乌鸦看见地上有许多小石头，它想出办法来了。 Zhè shí, wūyā kànjiàn dì shàng yǒu xǔduō xiǎo shítou, tā xiǎngchū bànfǎ lái le. 바로 이때, 까마귀는 땅 위에 있는 많은 돌멩이를 발견했어요. 좋은 생각이 떠올랐죠.
까마귀	"对了! 我要用石头!" "Duì le! Wǒ yào yòng shítou!" "맞아! 돌멩이를 사용해야겠어!"
나레이션	乌鸦就用嘴把小石头衔起来，一个一个丢到水瓶里。 Wūyā jiù yòng zuǐ bǎ xiǎo shítou xián qǐlái, yí ge yí ge diūdào shuǐpíng li. 까마귀는 부리로 돌멩이를 물어서 하나씩 물병 속으로 던졌어요.
까마귀	"瓶子的水渐渐升高了，我能喝水了。" "Píngzi de shuǐ jiànjiàn shēnggāo le, wǒ néng hēshuǐ le." "물병 속에 물이 점점 올라오네. 드디어 물을 마실 수 있겠어."
나레이션	终于瓶子的水渐渐升高了，乌鸦很容易就喝到水了。 Zhōngyú píngzi de shuǐ jiànjiàn shēnggāo le, wūyā hěn róngyì jiù hēdào shuǐ le. 마침내 물병 안의 물이 조금씩 올라갔어요. 까마귀는 쉽게 물을 마실 수 있었답니다.

해석

p.4　　一只乌鸦口渴了，到处找水喝。

p.5　　乌鸦找了很久，才发现一个水瓶。

p.6　　它就高兴地飞了过去，稳稳地停在水瓶的旁边，准备痛快地喝水。

p.8　　可是，它伸着脖子往瓶里看，只见瓶里虽然有水，但是太少了，而且离瓶口太远，

p.9　　瓶口又小，瓶颈又长，乌鸦喝不着水。

p.10　　它努力把脖子再伸长一点，还是够不到。怎么办呢？

p.12　　乌鸦停下来想：'怎样才能喝到水呢？必须琢磨出个办法来。'

p.14　　乌鸦看见地上有许多小石头，它想出办法来了，

p.15　　就用嘴把小石头衔起来，一个一个丢到水瓶里。

p.16　　石头落到瓶底，越来越多，终于瓶子的水渐渐升高了，乌鸦很容易就喝到水了。

풀어 보아요   P.19

1   ① xián   ② shítou   ③ wūyā   ④ shuǐpíng

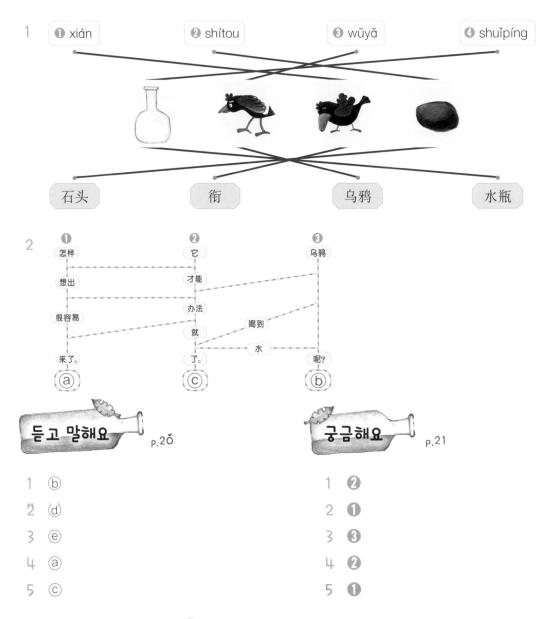

石头   衔   乌鸦   水瓶

2   ① 怎样   ② 它   ③ 乌鸦
想出   才能
很容易   办法
就   喝到
来了.   了.   水   呢?
ⓐ   ⓒ   ⓑ

듣고 말해요   P.2ǒ

1   ⓑ
2   ⓓ
3   ⓔ
4   ⓐ
5   ⓒ

궁금해요   P.21

1   ②
2   ①
3   ③
4   ②
5   ①

그림 보고 말해요 p.22

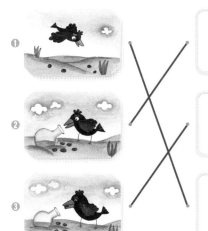

①

②

③

乌鸦伸着脖子往瓶里看。
Wūyā shēnzhe bózi wǎng píng li kàn.

乌鸦就用嘴把小石头衔起来，
Wūyā jiù yòng zuǐ bǎ xiǎo shítou xián qǐlái,
一个一个丢到水瓶里。
yí ge yí ge diūdào shuǐpíng le.

乌鸦口渴了，到处找水喝。
Wūyā kǒukě le, dàochù zhǎo shuǐ hē.

이야기를 만들어 보아요 p.23

它努力把脖子再伸长一点，还是够不到。
Tā nǔlì bǎ bózi zài shēncháng yì diǎn, háishi gòubudào.
3

石头落到瓶底，越来越多，
Shítou luòdào píng dǐ, yuè lái yuè duō,
终于瓶子的水渐渐升高了。
zhōngyú píngzi de shuǐ jiànjiàn shēnggāo le.
5

乌鸦找了很久，才发现一个水瓶。
Wūyā zhǎole hěn jiǔ, cái fāxiàn yí ge shuǐpíng.
1

乌鸦就用嘴把小石头衔起来，
Wūyā jiù yòng zuǐ bǎ xiǎo shítou xián qǐlái,
一个一个丢到水瓶里。
yí ge yí ge diūdào shuǐpíng li.
4

瓶口又小，瓶颈又长，乌鸦喝不着水。
Píngkǒu yòu xiǎo, píngjǐng yòu cháng, wūyā hēbuzháo shuǐ.
2

틀린 그림 찾기 p.24~25

편저   **이은아**

중국 남개대학교 법학과 졸업
이화여자대학교 통번역대학원 한중통역과 졸업
前 울산 화교 초등학교 담임교사
前 삼성, 현대 등 다수 기업 동시통역
現 SK China 사내 동시 통역사

DVD로 보는
중국어 세계 명작 시리즈 ❹
지혜로운 까마귀 乌鸦喝水
Wūyā hē shuǐ

개정판 발행 2018년 10월 30일
편저   이은아
삽화   유혜림
발행인   이기선
발행처   제이플러스
주소   서울시 마포구 월드컵로 31길 62
전화   02-332-8320
등록번호   제10-1680호
등록일자   1998년 12월 9일
홈페이지   www.jplus114.com
ISBN   979-11-5601-082-1
            979-11-5601-078-4 세트

값 15,800원 (DVD포함)